TEENIE

BUDDHA BOWLS

Eat the Rainbow

EASY & HEALTHY BOWLS MIT WOW-EFFEKT

EMF

EIN BUCH DER
EDITION MICHAEL FISCHER

INHALT

VOLL IM TREND

FLEISCH, VEGETARISCH, VEGAN

TEENIE-BUDDHA-BOWLS
UNKOMPLIZIERT, TRENDY UND BUNT

Mit den bunten Bowls wurde schon vor einigen Jahren ein Trend gesetzt, der bis heute ungebrochen scheint. Es gibt kaum eine Stadt, in der sie nicht in trendigen Bowl-Bars oder aber auch in vielen anderen „normalen" Restaurants auf den Speisekarten zu finden sind. Kein Wunder, denn als unkomplizierte, gesunde Mahlzeit, bei der sich alles genussvoll lässig aus einer einzigen Schüssel picken lässt, entsprechen sie ganz unserer modernen Lebensweise.

Die leckeren Bowls sind vollgepackt mit herrlichen Zutaten, die allesamt gesund sind und satt machen. Vielleicht nennt man die Trendschüsseln auch deshalb oft Buddha-Bowls: weil sie schon während des Essens das seelige, zufriedene Lächeln auf unser Gesicht zaubern, das wir von Buddha-Darstellungen kennen.

Die Idee dafür stammt aus Asien. Dort gibt es in vielen Ländern traditionell Ein-Schüssel-Gerichte: kräutersatte vietnamesische Reisnudelschalen, koreanisches Bibimbap oder Chirashi-Sushi in Japan, bei dem die Zutaten nicht gerollt werden, sondern gemütlich auf einem Bett aus gesäuertem Reis lagern. Ihnen allen ist ein simples Grundkonzept gemein: Verschiedenste Zutaten und Aromen vereinen sich in einer Schüssel zu einer harmonischen Gesamtmahlzeit.

So sind auch die Rezepte in diesem Buch aufgebaut. Eine Grundlage wie z. B. Reis oder Getreide, auf der sich einander ergänzende, möglichst vielseitige Komponenten tummeln: Gekochtes und Rohkost, Festes sowie flüssige Saucen oder Dips, Saures, Scharfes, Mildes etc. Und erlaubt ist natürlich, was gefällt: Wer will, tauscht einfach einzelne Komponenten aus. So wird jeder auf seine ganz persönliche Art satt, glücklich und rundum zufrieden.

Doch Buddha Bowls befriedigen im besten Fall nicht nur Körper und Seele – sie sehen auch noch super aus und leuchten in allen Farben des Regenbogens! Alle Rezepte in diesem Buch sind echte Hingucker und absolut würdig, auf Social Media präsentiert zu werden. Da möchte man doch gleich zu Kochschürze und Kamera greifen! **#INSTAFOOD**

LEGENDE

VEGETARISCH

VEGAN

FISCH

FLEISCH

OFEN
Wird teilweise im Ofen zubereitet. Die Temperaturangaben beziehen sich auf das Backen mit Ober- und Unterhitze.

Alle Bowl-Rezepte sind für eine Menge von 2 Portionen berechnet

BUCHWEIZEN – DINKEL WEISSE QUINOA – HIRSE – REIS

ZUTATEN

125 g der jeweiligen Getreidesorte

Salz

SO GEHT'S

125 g der jeweiligen Getreidesorte mit 250 ml leicht gesalzenem Wasser (ein 1:2-Verhältnis Getreide zu Wasser) aufkochen, 1 Minute sprudelnd kochen lassen, dann auf kleiner Stufe zugedeckt 15–20 Minuten garen. Anschließend auf ausgeschalteter warmer Herdplatte weitere 10 Minuten ausquellen lassen.

TIPP

Quinoa sollte man generell vor dem Garen in einem feinen Sieb gründlich mit heißem Wasser durchspülen, um so die Bitterstoffe abzuwaschen, wobei weiße Quinoa wesentlich weniger davon enthält. Rote und schwarze Quinoa brauchen etwas mehr Wasser als weiße (2 ½-fache Menge statt 2-fache: für 125 g also 380 ml).

Super easy:
Neu im Handel ist Basmatini-Reis: nur etwa halb so große Körner der beliebten Reissorte, die in 8–10 Minuten fertig garen!

NATURREIS

ZUTATEN

100 g Vollkornreis

Salz

SO GEHT'S

Den Reis mehrmals gründlich unter kaltem Wasser abspülen und 10–30 Minuten in kaltem Wasser einweichen lassen. In ein Sieb abgießen, nochmals spülen und abtropfen lassen. 220 ml Wasser aufkochen, leicht salzen und 100 g Vollkornreis hineingeben. 2 Minuten sprudelnd kochen lassen, dann zugedeckt bei kleiner Hitze 30–40 Minuten garen. Anschließend auf ausgeschalteter warmer Herdplatte weitere 10 Minuten ausquellen lassen.

QUINOA-MIX

ZUTATEN

45 g rote Quinoa

60 g Hirse

20 g Buchweizen

SO GEHT'S

Die Quinoa in ein Sieb geben und gründlich unter heißem Wasser abbrausen, um die Bitterstoffe herauszuwaschen. In einem Topf 280 ml Wasser aufkochen und leicht salzen. Die Quinoa, die Hirse und den Buchweizen zugeben und 1 Minute sprudelnd kochen lassen. Dann zugedeckt bei kleiner Hitze 15–20 Minuten garen und 10–15 Minuten auf ausgeschalteter warmer Herdplatte ausquellen lassen.

COUSCOUS

ZUTATEN

120 g Instant-Couscous

¼ TL Salz

1 EL Olivenöl (alternativ 1 TL Butter)

SO GEHT'S

Den Instant-Couscous mit dem Salz in einen Topf geben. Im Wasserkocher 125 ml kochend heißes Wasser erhitzen und dieses daraufgießen. Auf kleinster Garstufe 5–10 Minuten quellen lassen. Dann Olivenöl oder Butter mit einer Gabel unterrühren und dabei den Couscous leicht auflockern. Zugedeckt auf der ausgeschalteten, noch warmen Herdplatte weitere 10 Minuten ausquellen lassen.

BULGUR

ZUTATEN

100 g Bulgur

150 ml Gemüsebrühe (nach Belieben)

Salz

SO GEHT'S

Den Bulgur mit 150 ml Wasser oder Gemüsebrühe in einen Topf geben. Aufkochen, Wasser salzen, 1–2 Minuten kochen lassen und anschließend 20–25 Minuten bei kleiner Hitze zugedeckt garen.

SUSHI-REIS

ZUTATEN

FÜR 4 PORTIONEN/SCHALEN

250 g Sushi-Reis

3 EL Reisessig

2 EL Zucker

1 TL Salz

SO GEHT'S

1 Den Reis in eine große Schüssel geben und reichlich kaltes Wasser einlaufen lassen. Den Reis vorsichtig mit den Händen durchrühren, nicht zu fest, sonst brechen die Reiskörner. Sobald das Wasser milchig weiß ist, den Reis in ein Sieb abgießen und abtropfen lassen, wieder in die Schüssel geben und nochmals wässern. Diesen Vorgang zwei- bis fünfmal wiederholen, bis das Wasser fast klar bleibt. Nach dem letzten Waschgang den Reis in die Schüssel geben, Wasser zugeben und den Reis darin 30 Minuten quellen lassen.

2 Den nun bereits leicht gequollenen Reis in ein Sieb abgießen und nochmals mit kaltem Wasser abbrausen und abtropfen lassen. Den Reis mit 275 ml Wasser in einen Topf geben – der Topf sollte möglichst weit sein, damit der Reis auf breiter Fläche garen kann. Liegt zu viel Reis in einem schmalen Topf übereinander, bleibt die oberste Schicht im schlimmsten Fall hart und die untere wird matschig. Alles zugedeckt bei großer Hitze 1–2 Minuten aufkochen lassen, dann Hitze reduzieren und bei möglichst kleiner Hitze zugedeckt 10 Minuten garen, dabei den Topfdeckel geschlossen halten. Den Topf anschließend vom Herd nehmen, den Deckel abnehmen. Ein sauberes Geschirrtuch über den Topf legen und den Reis so zugedeckt 15 Minuten auskühlen lassen. Währenddessen Essig, Zucker und Salz in einen kleinen Topf geben und unter Rühren erhitzen, bis sich der Zucker und das Salz vollständig aufgelöst haben, dann vom Herd nehmen und abkühlen lassen.

3 Den Reis in eine möglichst breite flache Schüssel mit höherem Rand geben und den Reis vorsichtig darin verteilen. Essigmischung über den handwarmen Reis träufeln und mit einem breiten Holzspatel verteilen: dazu immer wieder vorsichtig, ohne den Reis zu drücken oder umzurühren, diagonale Linien durch den Reis ziehen – er sollte möglichst locker bleiben. Den Reis vollständig abkühlen lassen. Lässt man ihn bis zum Verarbeiten noch länger stehen, unbedingt ein feuchtes Geschirrtuch über die Schüssel legen, damit der Reis darin nicht austrocknet.

1

2

3

BANANA-CHOC-BOWL

ZUTATEN

FÜR DIE SMOOTHIE-CREME

4 Bananen

100–120 ml Mandeldrink

1 ½ EL Erdnussmus

3 TL (Raw-)Kakaopulver

1 EL Kakao-Nibs

FÜR DAS TOPPING

1 EL Kürbiskerne

2 EL Pekannusskerne

1 TL Chia-Samen

1 EL Kakao-Nibs

1 EL Blütenpollen

4 EL Heidelbeeren

2 EL Brombeeren

SO GEHT'S

1. Die Bananen schälen und in Scheiben schneiden. In eine Gefrierbox geben und 4 Stunden oder über Nacht im Gefrierfach durchfrieren lassen.
2. Für das Topping die Kürbiskerne in einer Pfanne rösten, bis sie knistern und duften, dann abkühlen lassen. Pekannüsse grob hacken und mit Kürbiskernen, Chia-Samen, Kakao-Nibs und Blütenpollen mischen. Die Beeren waschen und trocken tupfen.
3. Die gefrorenen Bananenscheiben mit 100 ml Mandeldrink, Erdnussmus, Kakaopulver und Kakao-Nibs in den Standmixer geben und fein pürieren. Je nach Konsistenz eventuell noch etwas Mandeldrink nachgießen.
4. Die Smoothie-Creme in zwei Schalen füllen und mit Beeren und der Nuss-Kürbis-Saaten-Pollen-Mischung bestreuen.

TIPP

Bei dem Topping handelt es sich um einen Vorschlag für eine gut kombinierte, äußerst leckere Mischung mit Gesundheitsplus – wer aber bestimmte Zutaten davon nicht im Haus hat oder mag, kann natürlich austauschen. Prima sind z. B. auch (Gold-)Leinsamen, Hanfsamen, Wal- oder Haselnüsse oder Mandeln.

SAMT-SEIDEN-SMOOTHIE-BOWL

ZUTATEN

400 g Seidentofu

1 große reife Banane

1 TL gemahlener Zimt

Mark von ½ Vanilleschote

50 g gemischte TK-Beeren

2 EL Mandeln

125 g Himbeeren

6 EL (veganes) Schoko-Granola
(Fertigprodukt oder siehe Tipp)

SO GEHT'S

1 Den Seidentofu eventuell etwas abtropfen lassen. Die Banane schälen und in Stücke schneiden. Beides mit Zimt, Vanillemark und den gefrorenen Beeren in einem Standmixer cremig fein pürieren.

2 Die Tofumasse in zwei Schalen füllen. Die Mandeln grob hacken. Die Himbeeren verlesen, vorsichtig waschen, trocken tupfen und mit dem Granola und den Mandeln darauf verteilen.

TIPP

Für ein selbstgemachtes, garantiert veganes Schokogranola 50 g Kokosöl schmelzen. 250 g Getreideflocken (prima ist eine 3- oder 4-Korn-Flockenmischung) und 3 EL Kokosraspel mit ¼ TL gemahlenem Zimt und 1 guten Prise Salz mischen. Das geschmolzene Kokosöl und 100 ml Ahornsirup zugeben und alles mischen. 2 EL Kakaopulver darüberstäuben und mit 100 g Zartbitter-Schoko-Tröpfchen (Fertigprodukt, alternativ 100 g grob gehackte Zartbitterschokolade) ebenfalls gründlich untermischen. Die Flockenmasse auf ein mit Backpapier ausgelegtes Blech geben und gut darauf verteilen. Im heißen Ofen bei 180 °C (Ober-/Unterhitze) 18–25 Minuten backen. Dabei eventuell einmal durchrühren und gegen Ende gut im Auge behalten, damit es nicht verbrennt. Herausnehmen und die weiche Granolamasse auf dem Blech abkühlen lassen. Anschließend grob zerbröckeln, nach Wunsch mit 20 g grob zerkleinerten gefriergetrockneten Himbeeren (aus dem Bioladen) mischen. In ein verschließbares Glas gefüllt, hält sich das Granola 2–3 Wochen.

VERY-BERRY-AÇAÍ-BOWL

ZUTATEN

40 g Pekannusskerne

2 EL Pistazienkerne

125 g gemischte Beeren (Himbeeren, Heidelbeeren, Brombeeren; alternativ aufgetaute TK-Früchte)

100 g TK-Açaí-Püree (siehe Tipp)

1 Orange

2 kleine Bananen

100 g gemischte TK-Beeren

Mark von ½ Vanilleschote

2 EL Chia-Samen oder (Gold-)Leinsamen

2 EL Blütenpollen

SO GEHT'S

1 Die Pekannüsse und Pistazien in einer Pfanne ohne Fett rösten, bis sie leicht bräunen und duften. Dann aus der Pfanne nehmen, abkühlen lassen und grob hacken. Währenddessen die Beeren verlesen, vorsichtig waschen und trocken tupfen.

2 Das gefrorene Açaí-Püree in grobe Stücke brechen. Die Orange halbieren und den Saft auspressen. Die Bananen schälen und in Stücke schneiden. Açaí-Püree, Orangensaft, Bananen, tiefgefrorene Beeren und Vanillemark in den Standmixer geben und cremig pürieren.

3 Das Açaí-Püree auf Schalen verteilen und die Beeren daraufgeben. Pekannussstücke, Pistazien, Chia- oder Leinsamen und Blütenpollen vermischen und daraufstreuen.

TIPP

Açaí-Beeren stammen ursprünglich aus Brasilien und gelten als echtes Beauty- und Superfood. Sie enthalten reichlich gesunde Antioxidantien, wenig Fruchtzucker (sind also Low-Carb-tauglich) und machen lange satt. Da die Beeren zu fast 90 % aus einem dicken Kern bestehen, werden sie noch vor Ort verarbeitet und sind bei uns nur in konzentrierter Form als tiefgefrorenes Püree oder getrocknetes Fruchtpulver im Bioladen oder Reformhaus erhältlich.

GREEN-GODDESS-SMOOTHIE-BOWL

ZUTATEN

100 g zarte Grünkohlblätter (siehe Tipp)

1 Grapefruit

1 kleine Banane

1 kleine Avocado

4 getrocknete Datteln (Medjool)

2 ½ EL Erdnussmus

300 ml Mandeldrink

1 Kiwi

100 g Heidelbeeren

5 EL Granola

SO GEHT'S

1 Den Grünkohl waschen und grob zerschneiden, dann die Grapefruit halbieren und den Saft auspressen. Die Banane schälen und in Stücke schneiden, die Avocado halbieren, den Kern entfernen und das Fruchtfleisch aus der Schale löffeln. Datteln halbieren, entsteinen und grob zerschneiden.

2 Das klein geschnittene Obst und Gemüse mit Grapefruitsaft, Erdnussmus und Mandeldrink in einen Standmixer geben und fein pürieren, dann auf Schalen verteilen.

3 Die Kiwi schälen und in dünne Scheiben schneiden, die Heidelbeeren waschen und gründlich trocken tupfen. Beides mit der Granolamischung auf der Smoothie-Creme anrichten.

TIPP

Die inneren weichen Grünkohlblätter sind ideal für die Smoothie-Creme. Wer nur dicke, große Blätter bekommt, kauft ein wenig mehr und zupft 100 g zarte Blätter von den strunkigen Stielen.

GREEN BOWL MIT MORINGA UND SPIRULINA

ZUTATEN

FÜR DAS TOPPING

25 g Mandelblättchen

125 g Erdbeeren

125 g Heidelbeeren

2 EL Kokosraspel

FÜR DIE SMOOTHIE-BOWL

1 Banane

1 Mango

100 ml Kokoswasser

1 EL Spirulina-Pulver (aus dem Bio-Laden)

1 EL Moringa-Proteinpulver (aus dem Bio-Laden)

SO GEHT'S

1 Für das Topping die Mandeln in eine beschichtete Pfanne ohne Fett bei mittlerer Hitze in 2–3 Minuten hellbraun rösten. Sofort in eine Schale umfüllen, damit sie nicht verbrennen.

2 Die Erdbeeren putzen, waschen, trocken tupfen und in Scheiben schneiden. Die Heidelbeeren verlesen, waschen und abtropfen lassen. Die Banane schälen und in grobe Stücke schneiden. Die Mango schälen und das Fruchtfleisch möglichst nah vom Kern in Scheiben abschneiden, dabei 4 schöne Scheiben zur Dekoration beiseitelegen.

3 Banane, Mango, Kokoswasser, Spirulina- und Moringapulver in einen Mixer geben. Den Mixer verschließen und auf kleinster Stufe starten. Dann alles auf höchster Stufe 40–50 Sekunden fein pürieren, bis ein cremiger Smoothie entstanden ist.

4 Den Smoothie auf 2 Müslischalen verteilen, mit Früchten dekorieren und mit Mandeln und Kokosraspel bestreuen.

ORANGEN-COUSCOUS-BOWL

ZUTATEN

1 kleine Bio-Orange
40 g Zucker
150 g Couscous
15 g Butter
½ TL Rosenwasser
½ TL gemahlener Zimt
35 g getrocknete Feigen
25 g Pistazien
1 Stängel Minze
100 g Naturjoghurt

SO GEHT'S

1 Orange heiß abwaschen und die Schale in feine Streifen schneiden. Die Orange filetieren.

2 190 ml Wasser und Zucker in einen kleinen Topf geben und zum Kochen bringen, bis sich der Zucker vollständig aufgelöst hat. Vom Herd nehmen.

3 Couscous zusammen mit Butter, Rosenwasser, Zimt und Orangenschale zum Zuckersirup geben, gründlich unterrühren und abgedeckt 10 Minuten ziehen lassen.

4 Mit einer Gabel den Couscous lockern. Feigen und Pistazien fein hacken. Feigenstücke zusammen mit zwei Drittel der Pistazien vorsichtig unter den Couscous heben. Minze waschen, trocken schütteln und Blätter abzupfen.

5 Den süßen Couscous mit Orangenscheiben, Joghurt, Minzblättern und den restlichen Pistazien servieren.

APFEL-BEEREN-CRUMBLE-BOWL

ZUTATEN

FÜR DEN CRUMBLE

2 Äpfel

1 Zitrone

30 ml + 2 EL Ahornsirup

750 g TK-Beeren-Mix

100 g Hirseflocken

60 g Amarant-Pops

40 g Maisgrieß

2 EL Kokosöl, plus etwas mehr zum Einfetten

FÜR DIE CREME

200 g vegane Joghurtalternative (z. B. Kokos-, Mandel-, Soja-)

¼ TL gemahlene (Bourbon-)Vanille

2 EL Ahornsirup

SO GEHT'S

1 Den Backofen auf 160 °C (Ober-/Unterhitze) vorheizen und vier kleine oder zwei große ofenfeste Auflaufformen mit Kokosöl einfetten.

2 Die Äpfel waschen, halbieren, das Kerngehäuse entfernen und das Fruchtfleisch in kleine, mundgerechte Stücke schneiden. Die Zitrone auspressen und den Saft mit 2 EL Ahornsirup verrühren.

3 Die gefrorenen Beeren mit den Apfelstückchen in die vorbereiteten Formen geben und mit dem Ahornsirup-Zitronensaft gut vermengen.

4 Hirseflocken, Amarant-Pops und Maisgrieß in einer Schüssel vermischen, dann 30 ml Ahornsirup und das Kokosöl hinzufügen und alles gut verkneten, sodass eine krümelige Masse entsteht. Die Streusel gleichmäßig auf das Obst in den Formen verteilen und den Crumble im heißen Ofen (Mitte) 30–40 Minuten goldbraun backen.

5 In der Zwischenzeit für die Creme die Joghurtalternative mit der Vanille und dem Ahornsirup verrühren.

6 Den Crumble aus dem Ofen nehmen, kurz abkühlen lassen und noch warm, mit je 1 EL Creme getoppt, servieren.

GREEK-ISLANDS-BOWL

ZUTATEN

FÜR DAS DRESSING

100 g Feta

2 EL Olivenöl

200 g griechischer Joghurt (10 % Fett)

1 Knoblauchzehe

⅓ TL getrockneter Oregano

Salz

Pfeffer

4 Stängel Dill

2 Stängel Minze

AUSSERDEM

125 g weiße Quinoa

3 EL Mandeln

300 g Wassermelone

1 Mini-Salatgurke

5 Bio-Radieschen (falls vorhanden mit Grün)

3 Stängel Minze

Chili- oder Paprikaflocken (Pul Biber) zum Bestreuen (nach Belieben)

SO GEHT'S

1 Die Quinoa, wie auf S. 6 beschrieben, zubereiten, ausquellen und abkühlen lassen, anschließend auf Schalen verteilen. Währenddessen die Mandeln in einer Pfanne ohne Fett rösten, bis sie leicht bräunen und duften, anschließend abkühlen lassen und grob hacken.

2 Die Wassermelone schälen und das Fruchtfleisch in 1,5 cm große Würfel oder Stücke schneiden, dabei so gut wie möglich die Kerne entfernen. Die Gurke putzen, waschen, längs vierteln und die Viertel in ca. 1 cm dicke Stücke schneiden. Die Blätter von den Radieschen abschneiden, waschen, trocken schütteln und eventuell kleiner zupfen. Die Radieschen putzen, waschen und in dünne Scheiben schneiden. Die Minze waschen, trocken schütteln und grob zerzupfen.

3 Den Feta trocken tupfen, mit einer Gabel fein zerbröckeln und mit dem Olivenöl unter den Joghurt rühren. Den Knoblauch schälen und dazupressen. So viel kaltes Wasser zugeben, dass ein nicht zu flüssiges Dressing entsteht. Mit Oregano, Salz und Pfeffer würzen. Dill und Minze waschen, trocken schütteln, die Blättchen bzw. Spitzen abzupfen, fein hacken und unterrühren.

4 Melone, Gurke, Radieschen und eine gute Handvoll Radieschenblätter mischen und auf der Quinoa verteilen. Das Dressing darüberträufeln und alles mit übriger Minze, Mandeln und nach Belieben mit ein paar Chili- oder Paprikaflocken bestreuen.

VEGGIE-FAJITA-BOWL

ZUTATEN

FÜR GEMÜSE UND MARINADE

2 gelbe Paprika

1 rote Zwiebel

2 Limetten

1 Knoblauchzehe

3 EL Sojasauce

½ TL flüssiger Honig

¾ TL gemahlener Kreuzkümmel

⅓ TL Chilipulver

Salz

2 Portobello-Pilze (ca. 200 g; alternativ 4 große Champignons)

1 EL Olivenöl

Pfeffer

FÜR DAS DRESSING

100 g Joghurt (1,5 % Fett)

1 EL Crème légère

¼ TL gemahlener Kreuzkümmel

Salz – Pfeffer

½ Bund Koriandergrün

AUSSERDEM

75 g bunte Quinoa

1 Mini-Dose Mais (ca. 80 g Abtropfgewicht)

100 g Kirschtomaten

½ Bund Koriandergrün

SO GEHT'S

1 Die Paprika längs vierteln, putzen und waschen, die Viertel quer in Streifen schneiden. Die Zwiebel schälen und längs in ca. 5 mm dicke Spalten schneiden. Den Saft von 1½ Limetten auspressen, die übrige Limettenhälfte beiseitelegen. Den Knoblauch schälen und halbieren, eine Hälfte durchpressen und mit Limettensaft, Sojasauce, Honig, Kreuzkümmel und Chilipulver verrühren. Paprika- und Zwiebelstreifen mit der Marinade vermengen, leicht salzen und 2 Stunden ziehen lassen.

2 Inzwischen für das Dressing Joghurt, Crème légère, Kreuzkümmel und, falls nötig, etwas Wasser zu einer dickflüssigen Creme verrühren. Salzen und pfeffern. Koriandergrün waschen, trocken schütteln, Blättchen abzupfen, fein hacken und unterrühren.

3 Die Quinoa nach Packungsanleitung heiß abbrausen und in Salzwasser garen. Den Mais in ein Sieb gießen, kalt abbrausen und abtropfen lassen. Die Tomaten waschen und halbieren, vom Stielansatz befreien. Das Koriandergrün waschen und trocken schütteln. Die Blättchen abzupfen, einige beiseitelegen, den Rest fein hacken und unter das Dressing rühren.

4 Die Pilze sauber reiben, die Stiele entfernen und die Kappen in 5 mm dicke Scheiben schneiden. Übrigen Knoblauch in Scheiben schneiden. In einer beschichteten Pfanne das Öl heiß werden lassen, die Pilz- und Knoblauchscheiben darin beidseitig braun braten. Aus der Pfanne nehmen, mit Salz und Pfeffer würzen und im heißen Ofen (Mitte) bei 90 °C warm halten.

5 Die Pfanne erneut erhitzen. Paprika und Zwiebel aus der Marinade nehmen, etwas abtropfen lassen. Bei großer Hitze unter Rühren 2–3 Minuten braten, bis die Paprikastreifen dunkelbraune Ränder bekommen. Marinade und 3–4 EL Wasser unterrühren und bei mittlerer Hitze 4–5 Minuten weiterbraten, bis die Flüssigkeit dick eingekocht ist. Quinoa auf Schalen verteilen, Paprika (samt Garsud) und Pilze, Mais und Tomaten daraufgeben. Mit Dressing beträufeln, mit übrigem Koriandergrün bestreuen.

KNUSPER-KICHERERBSEN-BOWL

ZUTATEN

FÜR KICHERERBSEN UND SÜSSKARTOFFEL

1 Dose Kichererbsen (ca. 240 g Abtropfgewicht)

1 Süßkartoffel (ca. 350 g)

2 Knoblauchzehen

3 EL Olivenöl

2 TL gemahlener Kreuzkümmel

3 Msp. Chilipulver

Salz

Pfeffer

AUSSERDEM

125 g Bulgur

1 Orange

2 EL Joghurt (3,5 % Fettgehalt)

1 ½ EL Tahin

3 EL Zitronensaft

1 Handvoll Rucola

2 Tomaten

1 Mini-Gurke

SO GEHT'S

1 Den Bulgur, wie auf S. 7 beschrieben, zubereiten. Gleichzeitig den Backofen auf 200 °C (Ober-/Unterhitze) vorheizen und ein Blech mit Backpapier auslegen. Kichererbsen in ein Sieb abgießen, kalt abspülen und abtropfen lassen. Süßkartoffel mit dem Sparschäler schälen, putzen und in knapp 1 cm dicke Scheiben schneiden. Knoblauch schälen, 1 Zehe in ein Schälchen pressen und mit Öl, 1 ½ EL Kreuzkümmel und Chilipulver verrühren. Kichererbsen und Süßkartoffeln damit vermischen, salzen und pfeffern. Die Kartoffelscheiben aus den Kichererbsen fischen und auf dem Blech verteilen, die Kichererbsen daneben flach auslegen. Im heißen Ofen (Mitte) 20–25 Minuten garen, dabei die Kichererbsen einmal durchrühren und die Kartoffelscheiben wenden.

2 Inzwischen von der Orange die Schale samt weißer Haut mit einem scharfen Messer wegschneiden. Die Orange quer in 1 cm breite Scheiben schneiden, diese in Stücke schneiden, dabei den Saft auffangen. Die übrige Knoblauchzehe in ein Schälchen pressen und mit Joghurt, Tahin, Zitronensaft, Orangensaft und 5–6 EL Wasser zu einer flüssigen Sauce verrühren, mit übrigem Kreuzkümmel, Salz und Pfeffer würzen.

3 Rucola waschen und trocken schleudern, eventuell grobe Stiele wegschneiden und Blätter kleiner zupfen. Tomaten waschen, halbieren, Stielansatz und Kerne entfernen, das Fruchtfleisch würfeln. Gurke waschen und in Scheiben schneiden oder in Streifen hobeln.

4 Kichererbsen und Süßkartoffeln aus dem Ofen nehmen. Bulgur auf Schalen verteilen, darauf die übrigen Zutaten anordnen und mit der Sauce servieren.

TOFU-ZOODLES-BOWL

ZUTATEN

FÜR DEN MARINIERTEN TOFU

150 g fester Tofu

1 kleine Knoblauchzehe

10 g frischer Ingwer

1 TL Weißweinessig (alternativ Reisessig)

1 TL Sesamöl – 3 EL Sojasauce

½ TL Chilisauce (z. B. Sriracha)

3 Frühlingszwiebeln

FÜR DAS DRESSING

½ Avocado

½ Knoblauchzehe

½ Bund Koriandergrün

2 EL Limettensaft

125 ml Sojadrink

1 Msp. Chiliflocken

Salz – Pfeffer

FÜR ZOODLES UND TOPPING

1 Möhre – 1 Bio-Mini-Gurke

4 Radieschen – 100 g Radicchio

½ Bund Koriandergrün

½ Avocado

1 TL Limettensaft

1 EL Sesam (hell oder schwarz)

Chiliflocken (nach Belieben)

SO GEHT'S

1. Den Tofu trocken tupfen und in ca. 1 cm große Würfel schneiden. Knoblauch und Ingwer schälen und fein hacken, mit Essig, Öl, Sojasauce und Chilisauce verrühren. Die Marinade mit dem Tofu vermengen. Die Frühlingszwiebeln waschen und trocken schütteln, den grünen und den weißen Teil separat in Ringe schneiden. Einen kleinen Teil der grünen Ringe beiseitelegen, den Rest unter den Tofu mischen. Zugedeckt möglichst 1–2 Stunden ziehen lassen.

2. Für das Dressing die Avocado halbieren, den Kern herauslösen und das Fruchtfleisch herauslöffeln. Den Knoblauch schälen und grob hacken. Das Koriandergrün waschen und trocken schütteln, die Blättchen abzupfen und grob zerschneiden. Eine Hälfte der Avocado, den Knoblauch und den Koriander mit 1 EL Limettensaft, dem Sojadrink und den Chiliflocken mithilfe eines Stabmixers cremig pürieren. Mit Salz, Pfeffer und dem übrigen Limettensaft abschmecken.

3. Die Möhre putzen und schälen, die Gurke waschen. Beides mit dem Spiralschneider in schmale Streifen hobeln oder auf dem Gemüsehobel in dünne Streifen (Julienne) raspeln. Die Radieschen waschen, putzen und in Scheiben schneiden. Den Radicchio putzen, waschen, trocken schleudern und ebenfalls in dünne Streifen schneiden. Das Koriandergrün waschen und trocken schütteln, die Blättchen abzupfen. Einige beiseitelegen, den Rest klein schneiden. Das Fruchtfleisch der übrigen Avocado-Hälfte in Würfel schneiden und mit dem Limettensaft vermengen.

4. Die Gemüsenudeln mit Radieschen, Radicchio und dem zerkleinerten Koriandergrün mischen. Die Avocadostücke darauf anrichten und alles mit Dressing beträufeln. Den marinierten Tofu darauf verteilen. Alles mit Sesam, den beiseitegelegten Frühlingszwiebelringen und Korianderblättchen sowie nach Wunsch mit Chiliflocken bestreuen.

LATE-SUMMER-BOWL

ZUTATEN

FÜR DAS OFENGEMÜSE

4 dünne Möhren (ca. 200 g)

3 kleine junge Gelbe Beten

1 rote Zwiebel

½ TL gemahlener Kreuzkümmel

3 Msp. Chilipulver

1 ½ EL Ahornsirup

2 EL Olivenöl

Salz – Pfeffer

AUSSERDEM

120 g weiße Quinoa

4 EL Rauchmandeln (Fertigprodukt; alternativ gesalzene, geröstete Mandeln)

1 kleine Dose (grüne) Linsen (ca. 260 g Abtropfgewicht)

1 Handvoll Feldsalat

150 g Ziegenfrischkäse

50 g Joghurt (3,5 % Fett)

1 TL Ahornsirup

1 kleines Bund Dill

½ Bund Petersilie

2 Spritzer Zitronensaft

Salz – Pfeffer

SO GEHT'S

1 Den Backofen auf 200 °C (Ober-/Unterhitze) vorheizen. Möhren putzen, schälen und längs halbieren. Die Gelben Beten schälen und in 8 gleich große Spalten schneiden. Die Zwiebel schälen und längs achteln.

2 Das Gemüse mit den Gewürzen, Ahornsirup und Öl in eine ofenfeste Form geben. Alles gut durchmischen und mit Salz und Pfeffer würzen. Im heißen Ofen (Mitte) 25–30 Minuten garen, bis es durch ist, aber noch leicht Biss hat, dabei zwischendurch einmal durchrühren. Anschließend den Grill zuschalten und alles nochmal 5 Minuten leicht braun grillen.

3 Inzwischen die Quinoa, wie auf S. 6 beschrieben, zubereiten und ausquellen lassen. Die Mandeln grob hacken. Die Linsen abgießen, kalt abbrausen und abtropfen lassen. Den Feldsalat verlesen, waschen, trocken schütteln und grob zerzupfen.

4 Den Ziegenfrischkäse glatt mit dem Joghurt und dem Ahornsirup verrühren. Den Dill und die Petersilie waschen, trocken schütteln, die Blättchen bzw. Dillspitzen abzupfen und getrennt nicht zu fein hacken. Die gesamte Petersilie und etwas Dill beiseitelegen. Den übrigen Dill unter die Ziegenkäsecreme rühren und mit Zitronensaft, Salz und Pfeffer würzen – für ein dünnflüssigeres Dressing noch etwas kaltes Wasser unterrühren.

5 Die Quinoa auf Schalen verteilen. Linsen, Ofengemüse und Feldsalat darauf verteilen und die Ziegenkäsecreme darübergeben. Alles mit Mandeln, Petersilie und Dill bestreuen.

GADO-GADO-STYLE-BOWL

ZUTATEN

FÜR DAS DRESSING

2 Schalotten

Pflanzenöl zum Braten

1 EL rote Currypaste

5 EL Erdnussmus (aus dem Glas)

2 TL Rohrohrzucker (z. B. Muskovadozucker)

4 EL Sojasauce

3–4 EL Limettensaft

250 ml Kokosmilch (aus dem Tetrapak)

AUSSERDEM

4 kleine festkochende Kartoffeln mit dünner Schale

Salz

50 g grüne Bohnen

80 g Rotkohl

100 g Chinakohl

1 dicke Möhre

2 Stangen Staudensellerie (mit Grün)

150 g Tempeh

Öl zum Braten

SO GEHT'S

1 Für das Dressing die Schalotten schälen und fein würfeln. In einem kleinen Topf 2 EL Öl erhitzen und die Schalotten darin goldgelb und weich dünsten. Currypaste, Erdnussmus und Zucker zugeben und kurz anrösten, dann mit Sojasauce und Limettensaft ablöschen. Kokosmilch und 200 ml Wasser unterrühren und alles offen bei kleiner bis mittlerer Hitze in 15–20 Minuten sämig einkochen lassen. Abkühlen lassen und mit dem übrigen Limettensaft abschmecken.

2 Inzwischen die Kartoffeln unter fließendem Wasser sauber bürsten, dann in Salzwasser ca. 20 Minuten garen, abgießen und ausdampfen lassen. Bohnen waschen, die Enden abknipsen und die Bohnen in 4 cm lange Stücke schneiden. In ausreichend kochendem Salzwasser ca. 15 Minuten bissfest garen, dann abgießen, mit kaltem Wasser abschrecken und abtropfen lassen.

3 Den Rot- und Chinakohl putzen, waschen und beides in feine Streifen schneiden. Die Möhre putzen, schälen und auf der Gemüsereibe in feine Streifen (Julienne) hobeln. Staudensellerie putzen, waschen, die Stangen in Scheiben schneiden, dabei das Grün grob hacken. Das Tempeh in Würfel schneiden. In einer Pfanne reichlich Öl erhitzen und darin das Tempeh bei mittlerer Hitze in 5–7 Minuten rundum braun und knusprig braten. Herausnehmen und auf Küchenpapier abtropfen lassen.

4 Die Kartoffeln vierteln. Mit Bohnen, Möhre, Rot- und Chinakohl, Sellerie und Selleriegrün in Schalen anrichten. Das Tempeh daraufgeben und alles mit dem Erdnussdressing beträufeln.

TIPP

Wer möchte, kann die Bowl mit zerbröckelten, dünnen, gesalzenen Reiscrackern bestreuen. Die gibt es vegan, unfrittiert, nur schonend gebacken, dafür mit vollem Reisgeschmack und Knuspergarantie.

BLITZ-CONGEE-BOWL

ZUTATEN

120 g Basmatireis

800 ml Hühnerbrühe (oder Fond aus dem Glas)

125 g kleine Champignons

125 g Shiitake

125 g Baby-Spinat

2 Frühlingszwiebeln

2 Eier (Größe M)

3 EL Öl zum Braten

Salz

Pfeffer

2 EL geröstete, gesalzene Sojabohnen (Fertigprodukt aus dem Bio-Laden)

Chilisauce (z. B. Sriracha, nach Belieben)

SO GEHT'S

1 Den Reis mit Brühe und 200 ml Wasser in einen Topf geben und langsam zum Kochen bringen. Sobald alles kocht, die Hitze reduzieren und bei kleiner bis mittlerer Hitze 30–45 Minuten garen lassen. Dabei ab und zu kräftig umrühren.

2 Inzwischen die Pilze putzen, von den Shiitake die Stiele wegschneiden. Champignons vierteln, die Shiitake-Kappen längs in ca. 5 mm dicke Streifen schneiden. Den Spinat waschen und in einem Sieb leicht abtropfen lassen. Frühlingszwiebeln waschen und trocken schütteln, dabei den grünen und weißen Teil getrennt in feine Ringe schneiden. Die Eier etwa 8 Minuten in Wasser kochen, kalt abschrecken und anschließend noch warm pellen.

3 In einer beschichteten Pfanne 1 EL Öl erhitzen und darin die weißen Zwiebelringe andünsten. Den Spinat nass hineingeben, salzen und unter Rühren zusammenfallen lassen. Alles in ein Sieb geben und abtropfen lassen. Die Pfanne mit Küchenpapier auswischen. Übriges Öl hineingeben und die Pilze darin bei großer Hitze unter Rühren in 3–4 Minuten leicht braun braten, salzen und pfeffern.

4 Den Reisbrei gründlich durchrühren und auf Schalen verteilen, den Spinat leicht ausdrücken und daraufgeben, die Pilze ebenfalls. Eier halbieren und obenauf legen, alles mit Zwiebelgrün und Sojabohnen bestreuen – wer Schärfe verträgt, gibt noch Chilisauce darauf.

TIPP

Congee ist in Asien ein beliebtes Frühstück. Dort wird der Reis über Nacht eingeweicht und dann mehrere Stunden gekocht, bis er völlig weich und zerfallen ist. Als neutrale Grundlage ist Congee schon früh morgens gut verträglich, wird aber auch häufig mit deftigen Toppings versehen.

GOLDEN-EGG-**BOWL**

ZUTATEN

FÜR DINKEL UND GEMÜSE

125 g „Dinkel wie Reis" (siehe Tipp)

1 dicke Möhre

6 in Öl eingelegte (Soft-)Tomaten

400 g Grünkohlblätter

1 Knoblauchzehe

1 kleine Avocado

1 TL Zitronensaft

2 EL Pinienkerne

2–3 EL Olivenöl

Salz

Pfeffer

1 EL Weißweinessig

4 EL Gemüsebrühe

Chilisauce (z. B. Sriracha) zum Beträufeln

FÜR DIE EIER

30 g frische Kurkuma (alternativ 2 TL gemahlene Kurkuma)

Salz

2 Eier (Größe M)

SO GEHT'S

1 Den „Dinkel wie Reis" nach Packungsanleitung garen und ausquellen lassen. Währenddessen die Möhre putzen, schälen und auf einer Gemüsereibe grob raspeln. Die Tomaten abtropfen lassen und in Streifen oder kleine Stücke schneiden.

2 Den Grünkohl waschen, trocken schütteln, die Blättchen von den harten Stielen trennen und mundgerecht zerzupfen. Den Knoblauch schälen und in dünne Scheiben schneiden. Die Avocado halbieren, den Kern und die Schale entfernen und das Fruchtfleisch in Spalten schneiden oder würfeln. Sofort in Zitronensaft wenden, damit es nicht braun wird.

3 Die Pinienkerne in einer beschichteten Pfanne ohne Fett goldbraun braten, bis sie duften, dann herausnehmen und abkühlen lassen. Die Pfanne mit Öl erneut erhitzen und darin den Knoblauch andünsten. Die Grünkohlblätter zugeben und bei großer Hitze unter Rühren 4 Minuten braten, salzen und pfeffern. Mit Essig und Brühe ablöschen und weitergaren, bis die Flüssigkeit verdampft und der scharfe Essiggeruch verflogen ist, dann vom Herd nehmen und warm halten.

4 Für die Eier die Kurkuma schälen und in Scheiben schneiden (dazu Handschuhe tragen, da sie färbt). In einem Topf mit reichlich Wasser (ca. 1,2 l) und 1 TL Salz aufkochen (wird Pulver verwendet, dies ins kochende Wasser geben). Sobald das Wasser kocht, die Hitze reduzieren und jeweils 1 Ei vorsichtig in eine Tasse aufschlagen. Mit einem Kochlöffelstiel einen Strudel ins siedende Wasser rühren und das Ei aus der Tasse in diesen gleiten lassen. Mithilfe eines Löffels das Eiweiß um das Eigelb ziehen und beide Eier in ca. 4 Minuten im siedenden Wasser garen. Mit einem Schaumlöffel herausheben.

5 Den „Dinkel wie Reis" in Schalen anrichten. Darauf Möhre, Grünkohl, getrocknete Tomaten und Avocado verteilen. Die Eier dazulegen. Alles mit etwas Chilisauce beträufeln und mit den Pinienkernen bestreuen.

TIPP

Bei „Dinkel wie Reis“ handelt es sich um entspelzte, leicht geschliffene Dinkelkörner. Durch diese Behandlung gart der Dinkel ohne vorheriges Einweichen in etwa derselben Zeit wie Reis.

COSY-TEMPEH-BOWL

ZUTATEN

FÜR DAS TEMPEH & DAS DRESSING

150 g Tempeh

15 g frischer Ingwer

½ Knoblauchzehe

4 EL Hoisin-Sauce

3 EL Sojasauce

3 Msp. Chiliflocken

1 EL (helle) Miso-Paste

AUSSERDEM

75 g Naturreis (Vollkornreis)

80 g Rotkohl

Salz

1 Möhre

3 EL Limettensaft

½ TL Kokosblütenzucker

250 g Grünkohl

60 g Topinambur

½ Knoblauchzehe

2 EL Öl zum Braten

Pfeffer

SO GEHT'S

1 Den Reis, wie auf S. 6 beschrieben, zubereiten und gegebenenfalls warm halten. Für das Tempeh den Backofen auf 200 °C (Ober-/Unterhitze) vorheizen und ein Blech mit Backpapier auslegen. Das Tempeh in knapp 1 cm dicke Scheiben und diese in mundgerechte Stücke schneiden. Ingwer und Knoblauch schälen, fein reiben und mit Hoisin-Sauce, Sojasauce und Chiliflocken verrühren. Etwa 2 EL davon abnehmen und beiseitestellen. Den Rest mit der Miso-Paste glatt rühren. Tempeh gründlich darin wälzen und auf dem Backblech verteilen. Im heißen Ofen in 20–25 Minuten knusprig backen, dabei nach 15–20 Minuten eventuell wenden. Die beiseitegestellte Hoisin-Sauce mit etwas Wasser zu einem nicht zu dünnflüssigen Dressing verdünnen.

2 Inzwischen den Rotkohl putzen, waschen und auf einer Gemüsereibe in feine Streifen hobeln. Mit 1 Prise Salz mischen und so lange mit den Händen durchkneten, bis er weich wird (dazu Gummihandschuhe tragen, da er färbt). Die Möhre schälen und grob raspeln. Den Limettensaft mit dem Kokosblütenzucker verrühren und mit Möhre und Rotkohl vermengen.

3 Den Grünkohl verlesen, waschen und die Blätter in mundgerechten Stücken von den Stielen zupfen. Den Topinambur gründlich sauber bürsten und in dünne Scheiben hobeln. Den Knoblauch schälen und fein hacken. In einer beschichteten Pfanne 1 EL Öl erhitzen und darin den Topinambur bei mittlerer Hitze 3 Minuten braten, dann salzen und pfeffern, herausnehmen und eventuell warm halten. Das übrige Öl erhitzen und den Knoblauch darin andünsten. Den Grünkohl zugeben und bei großer Hitze 3–4 Minuten braten, salzen und pfeffern.

4 Den Reis auf Schalen verteilen, darauf Tempeh, Grünkohl, Topinambur und Rotkohlsalat anrichten. Alles mit dem Hoisin-Dressing beträufeln.

SATÉ-STYLE-TOFU-BOWL

ZUTATEN

125 g Quinoa-Mix

300 g (Räucher-)Tofu

3 ½ EL Sojasauce

1 EL Olivenöl

350 g Brokkoli

2 Limetten

½ TL Zucker (ersatzweise Ahornsirup)

4 EL Erdnussmus

2 TL Chilisauce (z. B. Sriracha)

1 rote Spitzpaprika

1 Möhre

1 Avocado

2–3 EL gehacktes Koriandergrün (nach Belieben)

SO GEHT'S

1 Quinoa-Mix, wie auf S. 7 beschrieben, zubereiten. Während die Quinoa gart, Backofen auf 220 °C (Ober-/Unterhitze) vorheizen, ein Blech mit Backpapier auslegen. Währenddessen den Tofu gut ausdrücken und in ca. 1,5 cm große Würfel schneiden. 1 EL Sojasauce mit Olivenöl mischen und den Tofu darin wenden.

2 Brokkoli waschen, putzen, Stiel schälen, längs halbieren und quer in 5 mm dicke Scheiben schneiden. Den oberen Teil in kleine Röschen brechen, große eventuell in knapp 1 cm breite Stücke schneiden. Limetten halbieren, von 3 Hälften den Saft auspressen, die übrige Hälfte vierteln und beiseitelegen. Zucker mit restlicher Sojasauce und 5 EL Limettensaft verrühren, bis sich der Zucker gelöst hat. Erdnussmus und Chilisauce (eventuell erst weniger nehmen) unterrühren. Die Paste dann mit ca. 8 EL Wasser zähflüssig verrühren.

3 Knapp die Hälfte der Erdnusscreme in einen tiefen Teller geben. Den Brokkoli darin wenden und gut in die Paste drücken, bis er rundum überzogen ist. Den Brokkoli auf einer Seite des Blechs, den Tofu auf der anderen Seite flach verteilen. Im heißen Ofen (Mitte) ca. 20–25 Minuten garen, dabei beides einmal wenden bzw. durchrühren.

4 Inzwischen die übrige Erdnusssauce mit 4–5 EL Wasser verrühren und mit restlichem Limettensaft und evtl. nochmals Chilisauce abschmecken. Paprika längs halbieren, putzen und die Hälften quer in dünne Streifen schneiden. Möhre schälen, putzen und in feine Stifte (Julienne) hobeln. Avocado halbieren, Kern und Schale entfernen, die Hälften längs in Spalten schneiden und evtl. mit etwas Limettensaft beträufeln, damit sie nicht braun werden.

5 Die fertige Quinoa auf Schalen verteilen, darauf Brokkoli, Tofu, Möhren, Paprika und Avocado anordnen, nach Belieben mit Koriandergrün bestreuen und alles mit der Erdnusssauce servieren. Limettenviertel zum Beträufeln dazureichen.

MELON-FAKE-TUNA-BOWL

ZUTATEN

FÜR DIE WASSERMELONEN-POKE

350 g Wassermelonenfruchtfleisch (siehe Tipp)

2 TL Sesam

2 Frühlingszwiebeln

15 g frischer Ingwer

3 Msp. Chiliflocken

3 EL Sojasauce

1 EL Reisessig

3 EL Limettensaft

1 TL brauner Zucker

1 TL geröstetes Sesamöl

Salz

Pfeffer

AUSSERDEM

100 g Reis

120 g ausgelöste TK-Edamame

Salz

1 Mini-Salatgurke

1 Avocado

2 TL Limettensaft

50 g Mayonnaise

1 TL Chilisauce (z. B. Sriracha)

1 Kästchen Radieschenkresse

SO GEHT'S

1 Den Reis, wie auf S. 6 beschrieben, zubereiten. Das Melonenfleisch in 1 cm große Würfel schneiden (siehe Tipp). Sesam in einer Pfanne rösten, bis sie duften, dann abkühlen lassen. Die Frühlingszwiebeln putzen, waschen, trocken schütteln und samt Grün schräg in feine Ringe schneiden. Ingwer schälen, fein hacken und mit Chiliflocken, Sojasauce, Reisessig, Limettensaft, Zucker und Sesamöl verrühren, salzen und pfeffern. Die Hälfte der Frühlingszwiebeln, Sesamsamen und Melone damit mischen. Zugedeckt im Kühlschrank ca. 1 Stunde ziehen lassen.

2 Inzwischen die Edamame in ausreichend kochendem Salzwasser 8–10 Minuten bei mittlerer Hitze garen. Anschließend in ein Sieb abgießen, kalt abbrausen und abtropfen lassen. Die Gurke waschen, längs halbieren und quer in feine Scheiben schneiden. Avocado längs halbieren, Kern und Schale entfernen und das Fruchtfleisch quer in Scheiben schneiden. Sofort mit 1 TL Limettensaft beträufeln, damit sie nicht braun wird. Mayonnaise mit übrigem Limettensaft und Chilisauce verrühren. Radieschenkresse waschen, trocken schütteln und vom Beet schneiden.

3 Den Reis auf Schalen verteilen, darauf die Edamame, Avocado, Gurke und Radieschenkresse ringsum nebeneinander anordnen, dabei Platz für die Melonenpoke lassen. Melone aus der Marinade heben, leicht abtropfen lassen und ebenfalls auf dem Reis platzieren. Mayonnaise in die Mitte geben. Von der Marinade einige EL abnehmen und über die übrigen trockenen Zutaten träufeln. Alles mit übrigen Zwiebelringen bestreuen.

TIPP

Um das Wassermelonenfleisch in gleichmäßige Stücke schneiden zu können, empfiehlt es sich, eine Wassermelone samt Schale in ca. 1 cm dicke Scheiben zu schneiden. Dann das Fruchtfleisch aus der Schale schneiden, längs in 1 cm breite Streifen und diese dann in 1 cm große Würfel schneiden – dabei so viele Kerne wie möglich entfernen.

HOT-MANGO-TUNA-BOWL

ZUTATEN

FÜR DIE POKE

1 EL Sesam

250 g ganz frisches Thunfischfilet

2 Frühlingszwiebeln

4 EL Sojasauce

¾ TL Chilisauce (z.B. Sriracha)

1 EL geröstetes Sesamöl

FÜR DAS MANGODRESSING

1 kleine reife Mango (ca. 350 g)

15 g frischer Ingwer

2 Limetten

1 EL Weißweinessig

1–2 TL brauner Zucker

Salz

2–3 Msp. Chiliflocken

2 EL gehacktes Koriandergrün

AUSSERDEM

½ Portion Sushi-Reis (siehe S. 8)

100 g Rotkohl

Salz

1 Möhre

4 Radieschen

1 kleine gelbe Spitzpaprikaschote

SO GEHT'S

1 Den Sushi-Reis, wie auf S. 8 beschrieben, zubereiten. Den Sesam in einer Pfanne ohne Fett rösten, bis er duftet, abkühlen lassen. Thunfisch kalt abbrausen und mit Küchenpapier trocken tupfen, dann in ca. 1 cm große Würfel schneiden. Frühlingszwiebeln waschen, putzen, den weißen Teil längs halbieren und in feine Stücke schneiden, das Grün in feine Ringe schneiden. Sojasauce, Chilisauce und Sesamöl verrühren, Thunfisch, Sesamsamen, weiße Zwiebelstücke und einen Großteil des Zwiebelgrüns untermischen und ziehen lassen.

2 Währenddessen die Mango schälen, vom Stein schneiden und das Fruchtfleisch grob zerschneiden. Ingwer schälen und fein würfeln, Limettensaft auspressen. Das Mangofleisch mit Ingwer, gut der Hälfte Limettensaft, Essig und Zucker (je nach Süße der Mango mehr oder weniger) fein pürieren. Mit Salz und Chiliflocken würzen. Koriandergrün unterrühren und die Sauce mit übrigem Limettensaft und evtl. Zucker abschmecken.

3 Den Rotkohl waschen, Strunk wegschneiden und den Kohl fein hobeln. 1 Prise Salz dazugeben und mit den Händen kneten, bis er weicher wird (dazu Gummihandschuhe tragen, er färbt). Die Möhre schälen, putzen und in feine Streifen (Julienne) hobeln. Radieschen waschen, putzen und in dünne Scheiben schneiden. Paprika längs halbieren, putzen, waschen und quer in dünne Streifen schneiden.

4 Den Reis auf Schalen verteilen, das Gemüse darauflegen und die Mangosauce darübergießen. Thunfischpoke in die Mitte geben und alles mit übrigem Zwiebelgrün bestreuen.

CALIFORNIA-ROLL-SUSHI-BOWL

ZUTATEN

FÜR DIE WASABI-MAYONNAISE

1 frisches Eigelb (Größe M)

2–3 EL Zitronensaft

1 TL Senf

100–120 ml Sonnenblumenöl

Salz

Pfeffer

Zucker

½–1 EL Wasabipaste

AUSSERDEM

½ Portion Sushi-Reis (siehe S. 8)

1 Avocado

1 TL Zitronensaft

200 g Lachsfilet (ohne Haut und Gräten, siehe Tipp)

1 Bio-Mini-Salatgurke

1 Möhre

1 EL Sesam

eingelegter Sushi-Ingwer (nach Belieben)

1 EL Nori-Algenflocken oder -streifen

SO GEHT'S

1 Den Sushi-Reis, wie auf S. 8 beschrieben, zubereiten. Für die Wasabi-Mayonnaise sollten alle Zutaten möglichst etwa zimmerwarme Temperatur haben. Das Eigelb mit 2 EL Zitronensaft und Senf in einen hohen Mixbecher geben. Ca. 80 ml Öl obenauf gießen und alles mit dem Stabmixer mixen, dabei nach und nach das restliche Öl zugießen, bis eine cremige, eher leicht flüssige Mayonnaise entstanden ist. Mit Salz, Pfeffer, 1 Prise Zucker und dem übrigen Zitronensaft abschmecken, zuletzt je nach persönlicher Vorliebe mehr oder weniger Wasabipaste untermixen.

2 Die Avocado längs halbieren, Kern und Schale entfernen und das Fruchtfleisch quer in dünne Scheiben schneiden. Diese sofort in Zitronensaft wenden, damit sie nicht braun werden. Das Lachsfilet mit kaltem Wasser abbrausen und trocken tupfen, dann in kleine, ca. 1 cm große Würfel schneiden. Gurke waschen, putzen und in dünne Scheiben schneiden. Möhre schälen und in feine Streifen (Julienne) hobeln. Den Sesam in einer Pfanne ohne Fett rösten, bis er duftet, dann abkühlen lassen.

3 Den Reis auf Schalen verteilen. Gurken- und Avocadoscheiben überlappend darauf anordnen, daneben die Möhrenstreifen und Lachswürfel – wer möchte, gibt noch eingelegten Ingwer dazu. Alles mit Mayonnaise beträufeln und nach Belieben mit Sesam und Algen bestreuen.

TIPP

Roher Fisch für Sushi, Sashimi oder Poke muss richtig frisch sein und sollte noch am selben Tag zubereitet und bis dahin gut gekühlt sein. Fragen Sie beim Fischhändler evtl. nach Lachs (oder auch Thunfisch) im „Sushi-Schnitt" – dann sind die Filets im Regelfall gleichmäßig dick und zubereitungsfertig ohne Haut und Gräten.

REGENBOGEN-POKE-BOWL

ZUTATEN

FÜR DEN SUSHI-REIS

80 g Naturreis (Vollkornreis)

2 EL Weißweinessig (alternativ Reisessig)

1 TL Kokosblütenzucker

Salz

FÜR DIE POKE

1 TL (schwarzer) Sesam

200 g frisches Lachsfilet (ohne Haut und Gräten)

2 Frühlingzwiebeln

3 EL Sojasauce

⅓–½ TL Chilisauce (z. B. Sriracha)

AUSSERDEM

100 g Rotkohl

7 g frischer Ingwer

Salz

1 TL Weißweinessig

1 TL Olivenöl

Pfeffer

1 gelbe Paprika

1 Möhre

2 Stangen Staudensellerie

1 Kiwi

SO GEHT'S

1 Für den Sushi-Reis den Reis zubereiten, wie auf S. 6 beschrieben (allerdings das Kochwasser nicht salzen). Den Reis anschließend lauwarm abkühlen lassen. Inzwischen in einem kleinen Topf den Essig, 2 EL Wasser, den Kokosblütenzucker und ½ TL Salz unter Rühren erhitzen, bis sich Zucker und Salz aufgelöst haben. Vom Herd nehmen und mit dem lauwarmen Reis mischen. Den Reis vollständig abkühlen lassen.

2 Inzwischen für die Poke den Sesam in einer Pfanne ohne Fett rösten, bis er duftet, abkühlen lassen. Den Lachs kalt abbrausen, trocken tupfen, dann in ca. 1 cm große Würfel schneiden; eventuell noch vorhandene Gräten entfernen. Die Frühlingszwiebeln waschen und putzen, den weißen Teil längs halbieren und in feine Stücke schneiden, den grünen Teil in feine Ringe schneiden. Soja- und Chilisauce miteinander verrühren. Lachs, Sesam, weiße Frühlingszwiebelstücke und einen Großteil der grünen Frühlingszwiebelringe untermischen. Durchziehen lassen.

3 Währenddessen den Rotkohl waschen, den Strunk wegschneiden und den Kohl fein hobeln. Ingwer schälen und fein hacken, mit 1 Prise Salz zum Kohl geben, alles mit den Händen kneten, bis der Kohl deutlich weicher wird (dazu Handschuhe tragen, er färbt). Essig und Öl untermischen, salzen und pfeffern, ziehen lassen. Die Paprika längs halbieren, putzen und waschen, quer in dünne Streifen schneiden. Die Möhre schälen, putzen und in feine Streifen (Julienne) hobeln. Den Sellerie waschen und putzen. Das Grün grob hacken und beiseitelegen, die Stangen in dünne Scheiben schneiden. Die Kiwi schälen und in Scheiben schneiden, diese halbieren.

4 Den Reis auf Schalen verteilen. Den angemachten Rotkohl eventuell leicht ausdrücken, dann mit Möhren, Paprika, Sellerie, Kiwi und Poke auf dem Reis anrichten. Mit übrigen Frühlingszwiebelringen und Selleriegrün bestreuen.

RAINBOW-SWIRL-POKE-BOWL

ZUTATEN

FÜR DIE POKE

200 g ganz frisches Lachsfilet

1 TL Sesam

2 Frühlingszwiebeln

4 EL Sojasauce

½ TL Honig

1 ½ EL Reisessig

3 EL geröstetes Sesamöl

1 TL Chilisauce (z.B. Sriracha)

AUSSERDEM

½ Portion Sushi-Reis (siehe S. 8)

1 Bio-Mini-Salatgurke

Salz

¼ TL Zucker

100 g ausgelöste TK-Edamame

80 g Rotkohl

1 Möhre

1 Avocado

1 Handvoll Baby-Leaves

1 EL Nori-Algenflocken oder -streifen

SO GEHT'S

1 Den Sushi-Reis, wie auf S. 8 beschrieben, zubereiten. Das Lachsfilet in ca. 1 cm große Würfel schneiden. Sesam in einer Pfanne ohne Fett rösten, bis er duftet, dann abkühlen lassen. Frühlingszwiebeln waschen, putzen und mit dem Grün in ganz feine Ringe schneiden. Ein paar grüne Frühlingszwiebelringe beiseitelegen, den Rest mit 3 EL Sojasauce, Honig, ½ EL Reisessig, 2 EL Sesamöl und Chilisauce gründlich verrühren und anschließend mit Lachs und ca. Dreiviertel der Sesamsamen vermengen. Zugedeckt im Kühlschrank ziehen lassen.

2 Gurke waschen und in dünne Scheiben schneiden, mit 1 Prise Salz verkneten und ziehen lassen. Übrigen Reisessig, übrige Sojasauce und Zucker verrühren, dann übriges Sesamöl unterrühren. In einem Topf ausreichend Wasser erhitzen, salzen, darin die gefrorenen Edamame in 8–10 Minuten garen, in ein Sieb abgießen, kalt abschrecken und abtropfen lassen.

3 Währenddessen den Rotkohl waschen, putzen und fein hobeln, mit 1 Prise Salz leicht mit den Händen durchkneten, bis er spürbar weicher wird (dazu Handschuhe tragen, da er färbt). Die Möhre schälen und in feine Stifte (Julienne) schneiden oder hobeln. Die Avocado längs halbieren, Kern und Schale entfernen und das Fruchtfleisch längs in schmale Scheiben schneiden. Die Baby-Leaves waschen, verlesen und trocken schleudern.

4 Die Gurke leicht mit den Händen ausdrücken und mit dem Dressing mischen. Die Hälfte der Nori-Algen unter den Lachs mischen. Reis auf zwei Schalen verteilen. Lachs-Poke, Edamame, Rotkohl, Möhre, Gurkensalat und Avocado darauf anrichten. Alles mit beiseitegelegten Frühlingszwiebelringen, übrigem Sesam und Algen bestreuen.

BERRY-CHICKEN-BOWL

ZUTATEN

FÜR DAS DRESSING

125 g Brombeeren

½ TL mittelscharfer Senf

1 TL Aceto balsamico

½ TL Honig

1 EL Olivenöl

½ TL Sojasauce

Salz – Pfeffer

1 Zweig Thymian

¼ TL getrockneter Estragon

FÜR DAS HUHN

160 g Hähnchenbrustfilet

Salz – Pfeffer

1 EL Öl

1 TL Butter

¾ TL getrockneter Estragon

AUSSERDEM

75 g Hirse

Salz

2 Stangen Staudensellerie

1 kleine rote Zwiebel

80 g Feldsalat

1 kleine Avocado

1 TL Zitronensaft

SO GEHT'S

1. Die Hirse zubereiten, wie auf S. 6 beschrieben, und eventuell warm halten. Inzwischen für das Dressing die Brombeeren waschen und abtropfen lassen. 50 g Beeren beiseitelegen, den Rest mit Senf, Aceto balsamico, Honig, Olivenöl und Sojasauce mischen und mit dem Stabmixer oder im Blitzhacker fein pürieren. Mit Salz und Pfeffer würzen. Thymian waschen und trocken schütteln, die Blättchen abstreifen, fein hacken und mit dem Estragon unter das Dressing rühren.

2. Den Backofen auf 180 °C (Ober-/Unterhitze) vorheizen. Für das Huhn die Hähnchenbrust trocken tupfen, salzen und pfeffern. In einer ofenfesten Pfanne das Öl erhitzen, die Hähnchenbrust darin bei mittlerer Hitze in 4–5 Minuten rundum anbraten. Die Butter in der Pfanne zerlassen, Estragon einrühren und das Fleisch gründlich in der Estragonbutter wenden. Im heißen Ofen (Mitte) 15 Minuten garen. Herausnehmen und kurz ruhen lassen.

3. Inzwischen den Staudensellerie waschen und putzen, das Grün fein zerschneiden, die Stangen in dünne Scheiben schneiden. Die Zwiebel schälen und längs in schmale Spalten schneiden, den Feldsalat waschen, putzen und trocken schleudern. Die Avocado vierteln, Kern und Schale entfernen, die Viertel quer in Scheiben schneiden und sofort im Zitronensaft wälzen, damit sie nicht braun werden.

4. Die Hirse auf Schalen verteilen. Staudensellerie, Zwiebel, Avocado und Feldsalat sowie die beiseitegelegten Brombeeren darauf anrichten. Das Dressing darüberträufeln. Die Hähnchenbrust in Scheiben schneiden, daraufgeben und mit Estragonbutter aus der Pfanne beträufeln. Alles mit etwas Selleriegrün bestreuen.

GOLDEN-CHICKEN-BOWL

ZUTATEN

FÜR DAS DRESSING

120 g Möhren

15 g frischer Ingwer

1 Frühlingszwiebel

½ Orange

3 EL (helle) Miso-Paste

2 EL Reisessig (alternativ Weißweinessig)

Salz – Pfeffer

FÜR DAS HUHN

160 g Hähnchenbrustfilet

3 Frühlingszwiebeln

½ Orange

2 EL Öl

Salz – Pfeffer

½ TL gemahlene Kurkuma

AUSSERDEM

75 g Quinoa

Salz

120 g Rotkohl

1 kleiner Apfel

1 EL Zitronensaft

1 kleine Avocado

3 EL gehacktes Koriandergrün (nach Belieben)

SO GEHT'S

1 Die Quinoa zubereiten, wie auf S. 6 beschrieben. Für das Dressing Möhren und Ingwer schälen und klein schneiden. Die Frühlingszwiebel waschen und putzen, den weißen und den grünen Teil getrennt in feine Ringe schneiden. Den Saft der Orange auspressen. Möhren, Ingwer, weiße Frühlingszwiebelringe, Miso-Paste, Orangensaft und Essig im Blitzhacker cremig pürieren. Falls nötig, etwas Wasser zugeben. Salzen und pfeffern.

2 Den Rotkohl waschen, putzen und in möglichst feine Streifen hobeln oder schneiden. Den Apfel waschen und vierteln, das Kerngehäuse entfernen. Die Apfelviertel in feine Spalten oder Würfel schneiden, mit der Hälfte des Zitronensafts mischen. Die Avocado halbieren, Kern und Schale entfernen, das Fruchtfleisch in dünne Spalten oder Würfel schneiden und mit übrigem Zitronensaft vermengen.

3 Das Hähnchenfleisch kalt abwaschen, trocken tupfen und in dünne Streifen schneiden. Die Frühlingszwiebeln waschen und trocken schütteln, den weißen und den grünen Teil getrennt in feine Ringe schneiden. Den Saft der Orange auspressen. In einer beschichteten Pfanne das Öl erhitzen, die weißen Frühlingszwiebelringe darin bei großer Hitze kurz andünsten. Das Fleisch zugeben und rundum anbraten, salzen und pfeffern. Das Kurkumapulver darüberstäuben, alles durchrühren. Mit Orangensaft ablöschen und alles bei mittlerer Hitze garen, bis die Flüssigkeit so gut wie vollständig eingekocht ist. Gut die Hälfte der grünen Frühlingszwiebelringe unterrühren.

4 Die Quinoa auf Schalen verteilen. Rotkohl, Apfel, Avocado und Huhn darauf verteilen. Das Möhrendressing darüberträufeln oder in die Mitte geben und alles mit übrigen Frühlingszwiebelringen und nach Wunsch Koriandergrün bestreuen.

HOT-PEPPER-STEAK-BOWL

ZUTATEN

FÜR DAS PAPRIKAGEMÜSE

je 1 gelbe und rote Paprikaschote

1 Knoblauchzehe

Salz

Pfeffer

1 TL gemahlener Kreuzkümmel

1 EL Honig

Saft von 1 Orange

½–¾ TL Pimentón de la vera (siehe Tipp)

AUSSERDEM

125 g Reis

Öl zum Braten

1 Dose schwarze Bohnen (400 g Füllgewicht)

2 Tomaten

1 Bund Koriandergrün

1 reife Avocado

1 Limette

6 Blätter Eisbergsalat

4 EL Sour Cream

Salz

Pfeffer

1 Rindersteak (180 g)

1 ½ TL grob gemahlener Pfeffer

SO GEHT'S

1 Reis, wie auf S. 6 beschrieben, garen. Inzwischen Paprika halbieren, putzen, waschen und quer in 1 cm breite Streifen schneiden. Knoblauch schälen und halbieren, eine Hälfte fein hacken. Ausreichend Öl in einer beschichteten Pfanne erhitzen, darin Paprika bei großer Hitze 2–3 Minuten unter gelegentlichem Rühren braten, bis sie an den Rändern bräunen. Salzen, pfeffern, ½ TL Kreuzkümmel und Honig zugeben und aufkochen. Mit Orangensaft ablöschen, Pimentón de la vera unterrühren und zugedeckt bei kleiner Hitze 8–10 Minuten garen. 3–5 Minuten offen weitergaren, bis fast alle Flüssigkeit verdunstet ist.

2 Währenddessen Bohnen in ein Sieb abgießen, abtropfen lassen. Tomaten waschen, halbieren, Hälften in dünne Spalten schneiden, Stielansatz entfernen. Koriandergrün waschen, trocken schütteln, Blättchen abzupfen und fein hacken. Avocado halbieren, Kern und Schale entfernen, Hälften längs in Spalten schneiden. Limette halbieren, von 1 Hälfte den Saft auspressen und Avocado damit beträufeln. Andere Limettenhälfte in 4 Stücke schneiden.

3 Salat waschen, trocken schütteln. Blätter übereinanderlegen und quer in dünne Streifen schneiden. Sour Cream mit übrigem Kreuzkümmel und 2 TL Limettensaft verrühren. Übrigen Knoblauch dazupressen und die Creme mit Salz und Pfeffer abschmecken, etwa die Hälfte Koriandergrün unterrühren. Vom restlichen Koriandergrün etwa die Hälfte mit den Bohnen mischen.

4 Steak trocken tupfen und rundum im grob gemahlenen Pfeffer wenden, diesen andrücken. Öl in einer beschichteten Pfanne erhitzen, darin das Steak bei mittlerer Hitze in 5–7 Minuten beidseitig braten, vom Herd nehmen und kurz ziehen lassen.

5 Reis auf Schalen verteilen. Bohnen, Tomaten, Avocado und Salat darauf verteilen. Das Fleisch in Scheiben schneiden und darauflegen. Paprikagemüse daraufgeben. Sour Cream in die Mitte geben. Alles mit restlichem Koriandergrün bestreuen und mit Limettenstücken zum Beträufeln servieren.

TIPP

Bei Piménton de la vera handelt es sich um gemahlene, geräucherte Paprikaschoten. Die Würzspezialität stammt aus Spanien und ist in mild (dulce) und scharf (picante) erhältlich – hier einfach nehmen, worauf man mehr Lust hat. Ansonsten geht auch anderes geräuchertes Chilipulver.

SLOW-RIDER-BOWL

ZUTATEN

FÜR DAS CHILIHACK

2 Frühlingszwiebeln

1 Knoblauchzehe

1 EL Olivenöl

300 g mageres Rinderhackfleisch

Salz

Pfeffer

1–1 ½ TL Chili-Gewürzmischung (für Chili con Carne)

1 EL Tomatenmark

AUSSERDEM

2 Tomaten

¼ Eisbergsalat

1 Mini-Salatgurke

1 kleine Avocado

½ Bio-Limette

50 g Joghurt (1,5 % Fett)

1 EL Schmand

¼ TL gemahlener Kreuzkümmel

Salz

Pfeffer

25 g Cheddar

½ Bund Koriandergrün

200 g Konjak-Reis

SO GEHT'S

1 Die Tomaten waschen und halbieren, von Stielansatz und Kernen befreien, klein würfeln. Den Salat waschen, trocken schleudern und in ganz feine Streifen schneiden. Die Gurke waschen, längs halbieren, die Kerne herauskratzen und die Gurkenhälften in Scheiben schneiden. Die Avocado halbieren, Kern und Schale entfernen, die Hälften quer in Scheiben schneiden. Die Limette heiß waschen und abtrocknen, die Schale fein abreiben, den Saft auspressen. Das Avocadofruchtfleisch mit 1 TL Limettensaft bestreichen, damit es nicht braun wird.

2 Joghurt und Schmand mit 3 Msp. Limettenschale und dem Kreuzkümmel verrühren. Salzen und pfeffern, mit 1–2 EL Wasser zu einem dickflüssigen Dressing verrühren. Den Cheddar grob raspeln. Das Koriandergrün waschen, trocken schütteln, die Blättchen abzupfen und grob hacken.

3 Für das Chilihack die Frühlingszwiebeln waschen und putzen, den grünen Teil in Ringe schneiden, den weißen längs vierteln und in sehr feine Stücke schneiden. Den Knoblauch schälen und fein hacken. In einer beschichteten Pfanne das Olivenöl erhitzen, darin die weißen Frühlingszwiebelstücke goldgelb braten. Das Hackfleisch zugeben und bei großer Hitze krümelig braun anbraten, dabei mit einem Löffel zerbröckeln. Sobald es leicht gebräunt ist, mit Salz, Pfeffer und Chiligewürz würzen. Das Tomatenmark unterrühren und kurz unter Rühren mitrösten. Dann 4–5 EL Wasser zugeben und bei kleiner Hitze in 3–4 Minuten fertiggaren.

4 Inzwischen den Konjak-Reis nach Packungsanleitung zubereiten und auf Schalen verteilen. Ringsum mit Salat, Gurke, Avocado und Tomate belegen. Gut die Hälfte des Koriandergrüns unter das Hack rühren, dieses in die Mitte der Schalen geben. Das Dressing darüberträufeln und alles mit Cheddar sowie dem übrigen Koriander- und Zwiebelgrün bestreuen.

PINEAPPLE-PORK-BOWL

ZUTATEN

FÜR DEN KLEBREIS

200 g Sushi-Reis (japanischer Rundkornreis)

240 ml Kokosmilch

1 EL Rohrohrzucker

Salz

FÜR DAS DRESSING

2 EL Limettensaft

1 EL Rohrohrzucker

2 EL gehacktes Koriandergrün

Salz

Pfeffer

2 EL Olivenöl

FÜR DIE BOWL

1 Baby-Ananas

1 rote Zwiebel

1 Jalapeño

2 Scheiben Bacon

400 g Schweinefilet

Salz

Pfeffer

2 EL Rapsöl

1 Avocado

SO GEHT'S

1 Reis in eine Schüssel geben, mit Wasser bedecken und mit der Hand durchkneten. Dann in ein Sieb abgießen und kalt abspülen, bis das ablaufende Wasser klar ist. Den Reis ca. 20 Minuten abtropfen lassen, dann mit Kokosmilch und Zucker in einen Topf geben und offen zum Kochen bringen. Für 2 Minuten kochen lassen, dann zugedeckt 20 Minuten auf der ausgeschalteten Herdplatte quellen lassen. Den Topf vom Herd nehmen und den Reis mit einem Küchentuch bedeckt 10 Minuten stehen lassen. Den Reis in eine weite, flache Schüssel umfüllen und ausbreiten. Mit 1 Prise Salz bestreuen und bis zur weiteren Verwendung mit einem feuchten Küchentuch bedecken.

2 Limettensaft, Zucker, Koriandergrün, ½ TL Salz und 1 Prise Pfeffer in einer Schale verrühren, bis sich der Zucker aufgelöst hat, dann das Öl einrühren und beiseitestellen. Ananas schälen, den Strunk entfernen und die harte Mitte mit einem Apfelausstecher herauslösen. Ananas in 4–6 Scheiben schneiden. Zwiebel schälen und in ca. 1 cm dicke Spalten schneiden. Jalapeño waschen, den Stiel entfernen und die Schote in dünne Ringe schneiden.

3 Eine Pfanne ohne Fett erhitzen. Den Bacon darin von jeder Seite ca. 1 Minute bei mittlerer Hitze knusprig anbraten. Das Fleisch abwaschen, trocken tupfen, salzen und pfeffern. Den Bacon aus der Pfanne nehmen und auf Küchenpapier abtropfen lassen. Öl in der Pfanne erhitzen, das Filet hineinlegen und in ca. 10 Minuten ringsherum braten. Herausnehmen und in Alufolie eingewickelt 5 Minuten ruhen lassen. Dann die Zwiebel 3–4 Minuten braten, bis sie leicht bräunt. Anschließend die Ananas von jeder Seite in ca. 1 Minute leicht bräunen.

4 Avocado halbieren und vom Kern befreien. Das Fruchtfleisch herauslösen und quer in dünne Scheiben schneiden. Den Reis auf zwei Bowls aufteilen. Darauf je 2–3 Scheiben Ananas legen, die Hälfte Avocado fächerförmig daneben anrichten. Das Filet in 6–8 Scheiben schneiden, die Scheiben neben der Avocado anrichten. Mit Zwiebeln und Chili garnieren. Alles mit Dressing beträufeln und mit Bacon garniert servieren.

IMPRESSUM

Bibliografische Information der Deutschen Bibliothek.

Die Deutsche Bibliothek verzeichnet diese Publikation in der Deutschen Nationalbibliografie.

Detaillierte bibliografische Daten sind im Internet über http://www.dnb.de/ abrufbar.

EIN BUCH DER EDITION MICHAEL FISCHER

1. Auflage 2022

Cover, Layout und Satz: Zoe Mitterhuber

Projektleitung und Lektorat: Johanna Ederer

Rezepte: Tanja Dusy: S. 6–8, 10, 12, 14, 16, 24, 26, 28, 30, 32, 34, 36, 38, 40, 42, 44, 46, 48, 50, 52, 54, 56, 58, 60; Nico Stanitzok: S. 18, 62; Patrick Rosenthal: S. 20; Jessica Lerchenmüller: S. 22

Bildnachweis: Nadja Buchczik: S. 1, 3, 4, 15, 17, 27, 29, 31, 37, 41, 43, 45, 47, 49, 51, 53, 55, 57, 59, 61; Maria Panzer: S. 4, 13, 25, 33, 35; Klaus-Maria Einwanger: S. 9, 11; Annamaria Zinnau: S. 19; Patrick Rosenthal: S. 21; Jessica Lerchenmüller: S. 23; Sabrina Sue Daniels: S. 63

Foodstyling: Anton Enns: S. 1, 3, 4, 15, 17, 27, 29, 31, 37, 41, 43, 45, 47, 49, 51, 53, 55, 57, 59, 61; Sven Dittmann/Daniel Schwarz/Deborah De Luca: S. 9

ISBN 978-3-7459-0956-2

Gedruckt bei Polygraf Print, Čapajevova 44, 08001 Prešov, Slowakei

www.emf-verlag.de